Filigranes für den Frühling

Endlich ist sie da, die herrliche Frühlings- und Osterzeit. Prächtige Blumen in zarten Farben blühen wieder, bunte Schmetterlinge fliegen durch die Luft und Hasen und Hühner bevölkern die Wiese.

In diesem Buch zeige ich Ihnen, wie Sie schnell, aber sehr wirkungsvoll Ihre Wohnung mit filigranen Motiven im Messerschnitt gestalten können.

Tulpen und Lämmchen in Pastelltönen schmücken den Frühstückstisch, liebe Frühlingskinder, putzige Hasen und witzige Hühner tummeln sich am Fenster. Auch an Geschenkverzierungen und Grußkarten für das Osterfest ist gedacht.

Frohe Ostern wünscht Ihnen *Angelika Kipp*

Die Motive lassen sich in folgende Schwierigkeitsgrade unterteilen:

● ○ ○ einfach   ○ ○ ○ etwas schwieriger   ○ ○ ○ anspruchsvoll

IHRE GRUNDAUSSTATTUNG

Die hier aufgeführten Materialien und Hilfsmittel benötigen Sie immer wieder, sie werden in den einzelnen Materiallisten nicht erwähnt.

- Architekten- oder Transparentpapier
- kleine, spitze Schere
- Skalpell mit geeigneter Schneideunterlage
- weicher Bleistift (HB), harter Bleistift (2H)
- weicher Radiergummi
- Lineal
- Lochzange
- Klebefilm

Schritt für Schritt erklärt

1 Das Motiv mit etwas Klebefilm auf der Vorlage befestigen und mithilfe eines weichen Bleistiftes auf Transparentpapier durchzeichnen.

2 Zum Übertragen der Vorlage das Transparentpapier abnehmen, wenden und auf den ausgewählten Tonkarton legen. Die Linien mit einem harten, spitzen Bleistift nachziehen.

3 Das Motiv mit Schere und Schneidemesser ausschneiden. Evtl. vorhandene Bleistiftstriche mit einem weichen Radiergummi entfernen. Das seitenverkehrte Motiv wenden, dann entspricht es der Abbildung im Buch.

Tipps und Tricks

Mühelos lassen sich enge Schnittstellen im Inneren des Motivs statt mit einer Schere mit einem Schneidemesser ausschneiden.

Fensterbilder können mit etwas Klebefilm oder einem Faden aufgehängt werden. Für die Fadenaufhängung das Motiv zwischen Daumen und Zeigefinger ausbalancieren. Mit einer Nadel einige Millimeter vom Rand entfernt an der Stelle ein Loch einstechen und den Faden durchziehen. Bei größeren Motiven zwei Fäden verwenden.

Frühlingshafte Tischdekoration
→ geht ganz schnell

Lämmchen

Das Gesicht der Lämmchen wird aufgemalt. Sie werden mit Klebepads an einem Körbchen platziert.

Tulpen

Zum Befestigen der Tulpen die Serviette bzw. das Windlicht mit dünnem Silberdraht umwickeln. Die Drahtenden zum Kräuseln um einen Bleistift wickeln.

Tipp: Niedlich sehen die kleinen Lämmchen auch als Blumenstecker aus. Fixieren Sie auf der Rückseite mit Heißkleber einen Holz-Schaschlikspieß oder einen Steckdraht.

MOTIVGRÖSSE
Lämmchen: ca. 9 cm
kleine Tulpe: ca. 8 cm
große Tulpe: ca. 16 cm

MATERIAL LÄMMCHEN
- Tonkartonreste in Pink, Rosa und Flieder
- Fineliner in Schwarz
- Klebepads

WINDLICHT
- Tonkartonreste in Pink, Rosa und Flieder
- dünner Silberdraht

SERVIETTEN-SCHMUCK
- Tonkartonrest in Rosa
- dünner Silberdraht

VORLAGEN-BOGEN 1A

Liebevolle Ostergeschenke

→ immer eine nette Idee

MOTIVHÖHE
Blumenstecker: ca. 13 cm
Osterhase im Tontopf: ca. 11,5 cm
Vogelhäuschen: ca. 14 cm
Grußkarte: ca. 15,5 cm

MATERIAL BLUMENSTECKER
- Tonkartonreste in Gelb und Orange
- Schaschlikstäbchen, ca. 20 cm lang
- Alleskleber

VOGELHAUS
- Tonkartonreste in Gelb und Rot
- Marabufeder in Gelb
- Nähnadel und Nähgarn in Gelb
- Alleskleber

GRUSSKARTE
- Tonkarton in Rot, A4
- Tonkartonreste in Gelb und Grün
- Alleskleber

PRO OSTERHASE IM TONTOPF
- Blumentopf, ø 5,5 cm
- Tonkartonrest in Gelb
- Schleifenband in Rot-Weiß gepunktet, 2,5 cm breit, 40 cm lang
- Schleifenband in Rot, 4 mm breit, 10 cm lang
- Ostergras in Orange
- Stieldraht, ø 1,4 mm, 6 cm lang
- Seiden-Marienblümchen in Weiß, ø ca. 2,5 cm
- Alleskleber

VORLAGENBOGEN 1A

Blumenstecker

Hahn und Henne als Blumenstecker mit Alleskleber an einem Schaschlikstäbchen befestigen.

Vogelhäuschen

Vogelhäuschen und Vogel mithilfe von Nadel und gelbem Faden verbinden. Die Feder mit Alleskleber an den Vogelkopf kleben. Zum Aufhängen einen Faden im Vogelhausdach fixieren.

Grußkarte

Für die Karte die Grundform (15,5 cm x 22 cm) mittig falten – die Faltlinie zuvor mithilfe von Scherenspitze und Lineal leicht anritzen – und mit dem grünen Papier und dem Narzissenmotiv bekleben.

Osterhase im Tontopf

Für die dekorativen Hasentöpfe Stieldraht hinten an das Hasenmotiv kleben. Den Blumentopf mit Ostergras füllen und den Hasen mit Klebstoff fixieren. Die Schleife binden (siehe Vorlagenbogen 4B) und mit Alleskleber am Tontopf fixieren. Das Blümchen in das Ostergras stecken (ggf. festkleben).

Frühlingsfrische Dekorationen

→ die zarten Farben des Frühlings

MOTIVGRÖSSE
Tischband: ca. 11 cm
Fensterbild: ca. 21 cm
Geschenkkorb: ca. 17 cm

MATERIAL
◆ Tonkarton in Rosa, A3 (Fensterbild, Tischband) und Rest (Geschenkverzierung)

VORLAGENBOGEN 1A + 1B

Tischband

Das Tischband ausschneiden und an den gepunkteten Linien abwechselnd nach vorne oder hinten falten.

Fensterbild

Das Fensterbild ausschneiden und mit einem doppelseitigem Klebefilm am Fenster befestigen.

Geschenkverzierung

Das Küken wird ausgeschnitten und mit doppelseitigem Klebefilm oder Alleskleber auf dem Geschenk befestigt.

Blumenwiese

→ Frühlingserwachen am Fenster

MOTIVGRÖSSE
ca. 23 cm

MATERIAL
◆ Tonkarton in Gelb,
A3

**VORLAGEN-
BOGEN 2A**

Gänsemarie im Ostergarten

→ *ganz nostalgisch*

MOTIVGRÖSSE
ca. 21,5 cm

MATERIAL
- Tonkarton in Gelb, A3

VORLAGEN-BOGEN 1B

12

Österlich geschmückt

→ vielseitig und niedlich

Straußhänger

Die kleinen Hänger werden mithilfe eines Fadens am Osterstrauß aufgehängt. Den Faden mit einer Nadel am oberen Ohr anbringen.

Ostertüte

Beim großen Osterhasen Geschenkband zwischen den Pfotenteilen fixieren und daran den Hasen in der Tüte festkleben oder anknoten. Die Tüte zusätzlich mit kleinen ausgeschnittenen Blumen bekleben.

Tipp: In der Geschenktüte können Sie Ihre Ostergeschenke verpacken oder die Tüte als „Übertopf" für Tulpen oder andere Frühlingsblumen verwenden.

MOTIVGRÖSSE
Straußhänger:
ca. 10 cm bis 12 cm
Ostertüte: ca. 17 cm
(nur Motiv)

MATERIAL STRAUSSHÄNGER
- Tonkartonreste in Gelb, Hell- und Dunkelorange, Rosa und Pink
- Nähnadel und Nähgarn in Schwarz

OSTERTÜTE
- Tonkarton in Rot, A4
- Satinband, 4 mm breit, 6 cm lang
- Papiertüte in Gelb, ca. 20 cm x 16,5 cm
- Alleskleber

VORLAGENBOGEN 2A

Keckes Federvieh

→ witzige Hühner fürs Fenster

MOTIVGRÖSSE
Hahn: ca. 34 cm
Henne: ca. 28 cm

MATERIAL
◆ Tonkarton in Weiß, A2

**VORLAGEN-
BOGEN 3B + 4A**

Osterfrühstück

→ alles fürs Osterei

MOTIVHÖHE
Hühnernest:
ca. 19 cm

Eierbecherdeko:
ca. 7 cm

Eierbecher: ca. 17 cm

MATERIAL HÜHNERNEST
- Tonkarton in Rot, A2
- 2 bis 3 Marabufedern in Gelb
- Alleskleber

JE EIERBECHERDEKO
- Tonkartonrest in Rot bzw. Gelb
- Marabufeder in Gelb bzw. Rot
- Klebepad

JE EIERBECHER
- Tonkarton in Rot bzw. Orange, A4
- Tonkartonrest in Gelb
- 2 bis 3 Marabufedern in Gelb
- Alleskleber

VORLAGENBOGEN 2B

Hühnernest

Die zwei Hühner mit einem Tonkartonstreifen (35 cm lang x 13 cm breit) verbinden. An diesem auf beiden langen Seiten einen ca. 1 cm breiten Zackenrand schneiden. Die Zacken nach oben biegen und zuerst ein Huhn Zacken für Zacken festkleben, dann das andere fixieren. Auf beiden Seiten außen die Flügel und hinten innen als Schwanz Marabufedern mit Alleskleber befestigen. Das Nest mit Ostergras ausgelegen.

Eierbecherdeko

Den Flügel von vorne und die Schwanzfeder von hinten auf den Körper kleben und mit einem Klebepad am Eierbecher fixieren. Die Flügel vor dem Aufkleben leicht nach außen biegen, dann wirkt die Figur plastischer.

Eierbecher

Den Tonkartonstreifen zu einem Ring kleben und auf dem Huhn fixieren. Einige Federn im Eierbecher festkleben.

Der Frühling ist da!

→ weckt Kindheitserinnerungen

MOTIVGRÖSSE
ca. 28 cm

MATERIAL
◆ Tonkarton in Gelb, A3

VORLAGENBOGEN 3A

Osterhase in der Gießkanne

→ ein origineller Fensterschmuck

MOTIVGRÖSSE
ca. 32 cm

MATERIAL
Tonkartonreste in Gelb bzw. in Grün

VORLAGENBOGEN 3A

Variante: Passend zu Ihrer Einrichtung können Sie den Hasen auch in einer anderen Farbe gestalten. Hier sehen Sie das Motiv außerdem seitenverkehrt.

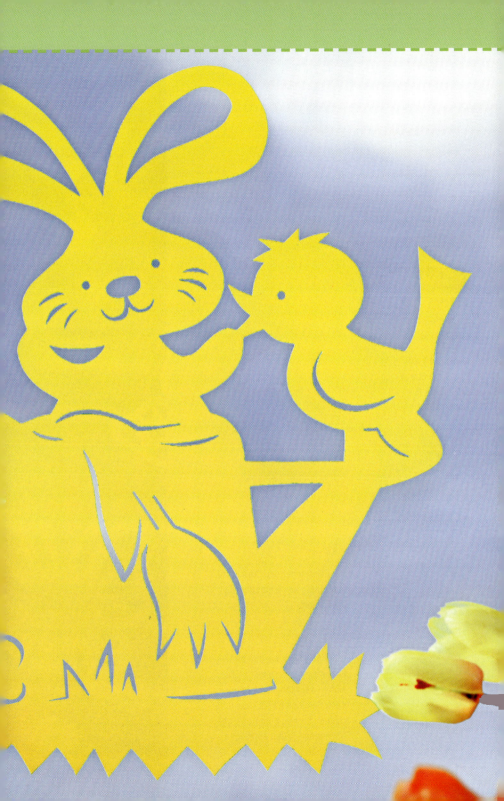

Schmetterlingszeit

→ Buntes für die Terrasse

MOTIVHÖHE
Blumenkranz:
ca. 22 cm

Schmetterlinge:
ca. 12 cm

**MATERIAL
JE BLUMEN-
STECKER**
- Tonkartonrest in Rosa, Pink bzw. Flieder
- Stieldraht, ø 1,4 mm
- Alleskleber

KLANGSPIEL
- Tonkarton in Gelb, A4
- je 1 Klangstab in Silber, ø 7 mm, 14 cm, 17 cm, 20 cm lang
- Nähnadel und Nähgarn in Gelb

**VORLAGEN-
BOGEN 3 B**

Blumen-stecker

Mit Alleskleber den Steckdraht von hinten am Schmetterling befestigen.

Klangspiel

Die Klangstäbe werden mit einem Faden am Motiv befestigt. Die Höhen der Klangstäbe können je nach Belieben gleich oder unterschiedlich sein. Zum Aufhängen oben einen Faden anbringen.

Frühlingsgefühle

→ wie ein Nachmittag auf dem Land

MOTIVGRÖSSE
ca. 27 cm

MATERIAL
♦ Tonkarton in Gelb: A4

VORLAGENBOGEN 4A

Der Osterhase kommt!

→ riesengroß und lustig

MOTIVHÖHE
Hühnerkranz:
7,5 cm

Osterhase:
ca. 38 cm

HÜHNERKRANZ
- Tonkarton in Gelb, A3
- ggf. Alleskleber

MATERIAL FENSTERBILD
- Tonkarton in Gelb, A2

VORLAGENBOGEN 2B+4B

Hühnerkranz

Der Osterkranz wird nach dem Ausschneiden mithilfe von Klebefilm oder Klebstoff passend zum Blumentopfdurchmesser zu einem Ring geschlossen.

Fensterbild

Der Osterhase kann mit doppelseitigem Klebefilm am Fenster befestigt werden.

Tipp: Sie können den Hühnerkranz auch als Osternest benutzen. Legen Sie ihn dann einfach mit Ostergras aus.

Niedliche Vögel im Nest

(Beschreibung auf Seite 32)

Niedliche Vögel im Nest

→ Vogelgezwitscher fürs Fenster

MOTIVGRÖSSE
ca. 18 cm

MATERIAL
Tonkartonrest in Orange, A4

VORLAGEN-BOGEN 4A

Tipp: Dieses Motiv sieht riesengroß auch sehr nett an einer Terrassentür aus, vergrößern Sie es dazu einfach auf dem Kopierer bis zur gewünschten Größe.

DIESES BUCH ENTHÄLT 4 VORLAGENBOGEN

IMPRESSUM

REINZEICHNUNGEN: Berthold Kipp
FOTOS: frechverlag GmbH, 70499 Stuttgart; Fotostudio Ullrich & Co., Renningen
DRUCK: frechdruck GmbH, 70499 Stuttgart

Materialangaben und Arbeitshinweise in diesem Buch wurden von der Autorin und den Mitarbeitern des Verlags sorgfältig geprüft. Eine Garantie wird jedoch nicht übernommen. Autorin und Verlag können für eventuell auftretende Fehler oder Schäden nicht haftbar gemacht werden. Das Werk und die darin gezeigten Modelle sind urheberrechtlich geschützt. Die Vervielfältigung und Verbreitung ist, außer für private, nicht kommerzielle Zwecke, untersagt und wird zivil- und strafrechtlich verfolgt. Dies gilt insbesondere für eine Verbreitung des Werkes durch Fotokopien, Film, Funk und Fernsehen, elektronische Medien und Internet sowie für eine gewerbliche Nutzung der gezeigten Modelle. Bei Verwendung im Unterricht und in Kursen ist auf dieses Buch hinzuweisen.

Auflage:	5.	4.	3.	2.	1.	
Jahr:	2007	2006	2005	2004	2003	[Letzte Zahlen maßgebend]

© 2003 frechverlag GmbH, 70499 Stuttgart

ISBN 3-7724-3216-6
Best.-Nr. 3216